BEI GRIN MACHT SICH IHR WISSEN BEZAHLT

- Wir veröffentlichen Ihre Hausarbeit, Bachelor- und Masterarbeit

- Ihr eigenes eBook und Buch - weltweit in allen wichtigen Shops

- Verdienen Sie an jedem Verkauf

Jetzt bei www.GRIN.com hochladen und kostenlos publizieren

Jan Horak

Real Life Content in Internetmarketingkampagnen

GRIN Verlag

Bibliografische Information der Deutschen Nationalbibliothek:

Die Deutsche Bibliothek verzeichnet diese Publikation in der Deutschen National-
bibliografie; detaillierte bibliografische Daten sind im Internet über http://dnb.d-
nb.de/ abrufbar.

Impressum:

Copyright © 2009 GRIN Verlag, Open Publishing GmbH
Druck und Bindung: Books on Demand GmbH, Norderstedt Germany
ISBN: 978-3-640-80263-0

Dieses Buch bei GRIN:

http://www.grin.com/de/e-book/164922/real-life-content-in-internetmarketingkam-
pagnen

Universität Hamburg
Institut für Medien und Kommunikation
Modul MuK A1
52-332 Real Life Content im Fernsehen und im Internet

Sommersemester 09

Real Life Content in Internetmarketingkampagnen

Jan Horak

Fachsemester: 4. Semester BA
Medien- und Kommunikationswissenschaft (HF),
Deutsche Sprache und Literatur (NF)

Inhaltsverzeichnis

1. Einführung

Real-Life-Formate sind in den letzten Jahren zu einem nicht mehr wegzudenkenden Bestandteil der deutschen Fernsehlandschaft geworden. Produktionen wie BIG BROTHER prägten ein ganzes Genre und lieferten Zündstoff sowohl für die öffentlich geführte Diskussion als auch den wissenschaftlichen Diskurs über Voyeurismus im TV und zu setzende Grenzen bei der medialen Aufbereitung und tabulosen Inszenierung des privaten Raums.[1] Doku-Soaps und andere auf Real Life Content basierende Formate greifen zur Spannungssteigerung in der Regel auf aus fiktionalen Unterhaltungsformaten bekannte Darstellungs- und Gestaltungsmittel zurück und fördern auf diese Weise die Grenzverwischung zwischen dokumentarischen und fiktionalen Erzählformen. Sie „[b]alancieren zwischen Authentischem und Erzähltem, zwischen Beobachten und Inszenieren, zwischen Finden und Erfinden".[2]

Von dieser Entwicklung profitiert auch die Werbewirtschaft. Werbung setzt seit jeher auf die zielgerichtete und mit finanziellen Zwecken verbundene Inszenierung von Wirklichkeit unter Ausblendung oder Beschönigung bestimmter Aspekte. Auch in diesem Kontext dient die Einbindung von Real Life Content der Authentisierung des Gezeigten, da sich Werbekampagnen „mit dem Vorwand der Präsentation von Abbildern tatsächlicher Ereignisse [...] besser verkaufen und ihre Wirkung steigern" lassen.[3] Mit der wachsenden Bedeutung des Internets als Unterhaltungs-, Informations- und Wirtschaftsplattform ist zu beobachten, dass Werbetreibende sich auf der Suche nach Distributionskanälen vermehrt der neuen Möglichkeiten dieses vielfältigen Mediums bedienen und zum Teil innovative, aufwändige und langfristige Marketingkampagnen starten. Wie virales Marketing im Zeitalter des Web 2.0 funktioniert und welche tragende Rolle der Einsatz von Real Life Content dabei spielen kann, demonstrierten die Konzerne IKEA und VW in den vergangenen Jahren eindrucksvoll. Im Rahmen dieser Arbeit soll anhand der genannten Beispiele eine Auseinandersetzung mit dieser neuen Generation von Internetwerbung erfolgen.

---

[1] Vgl. u.a. Niedersächsische Landesmedienanstalt für privaten Rundfunk (Hrsg.): Realität maßgeschneidert – Schöne, neue Welt für die Jugend? Real Life Formate – Fernsehen der Zukunft oder eine Eintagsfliege? Dokumentation der Tagung der Niedersächsischen Landesmedienanstalt für privaten Rundfunk im Juni 2001. Berlin: Vistas Verlag.

[2] Mediaculture online: Doku-Soap.

[3] Bleicher, Joan Kristin (2009): Das Private ist das Authentische. Referenzbezüge aktueller Reality-Formate. In: Segeberg, Harro (Hrsg.): Referenzen - Zur Theorie und Geschichte des Realen in den Medien. Marburg: Schüren Verlag GmbH, S. 116.

2.   Begriffsklärungen

2.1   Real Life Content

Den Begriff Real Life Content exakt und trennscharf einzugrenzen, erscheint angesichts der in den letzten Jahren inflationär zunehmenden Betitelung zahlreicher Fernsehproduktionen als ‚Doku-Soap' oder ‚Reality-Soap' unabdingbar. Bereits anhand dieser Zuweisung wird deutlich, dass der im Folgenden verwendete Begriff des Real Life Content seinen Ursprung in der Gattung des Dokumentarfilms hat.

Real Life Content ist ein Kernelement des dokumentarischen Films. Nach Monika Grassl umfasst die Gattung des dokumentarischen Film bzw. Dokumentarfilms „jegliche nicht fiktive audiovisuelle Aufarbeitung einer Information, die versucht, eine vorgefundene Realität exakt wiederzugeben."[4] Entscheidend für dokumentarische Filmformen ist „allein das Merkmal des ‚Nichtfiktionalen' im Sinne von ‚nicht erfunden'".[5] Jeder Dokumentarfilm basiert folglich auf Inhalten aus der außerfilmischen Realität, so genanntem Real Life Content – trotzdem ist der hier verwendete Real Life Content-Begriff nicht als Synonym zu dokumentarischen Formen des Films zu verstehen, sondern vielmehr als deren inhaltliches Basiselement.

Eine mögliche Differenzierung zwischen dem Prototyp des ‚Dokumentarfilms' und einem ‚Real-Life-Format' erfolgt anhand des Darstellungsmodus: Während der in Dokumentarfilmen transportierte Real Life Content in der Regel unverfälscht und möglichst frei von dramaturgischer Einflussnahme dargestellt wird, setzen heutige Real-Life-Formate verstärkt auf fiktionale Elemente zum Aufbau von Spannung und Dramatik. Eine strikte Abgrenzung von Dokumentar- und Spielfilm scheint allerdings wenig zielführend, da „[d]ie Grenzen zwischen fiktionalem und nichtfiktionalem Film verschwimmen".[6] Dies wird anhand der im Rahmen dieser Arbeit analysierten Marketingkampagnen besonders deutlich. Es handelt sich um Produktionen, die zwar auf Real Life Content zurückgreifen, jedoch eine in Teilen vorgegebene Dramaturgie besitzen und bewusst dokumentarische Darstellungsformen verwenden, um möglichst authentisch zu erscheinen. Das hintergründige Ziel ist dabei nicht die exakte Darstellung der außerfilmischen Realität, sondern Werbung für ein Produkt.

---

[4] Grassl, Monika (2007): Das Wesen des Dokumentarfilms. Möglichkeiten der Dramaturgie und Gestaltung. Saarbrücken: VDM Verlag Dr. Müller, S. 16.
[5] Ebd., S. 18.
[6] Ebd., S. 20.

2.2   Internet und Web 2.0

Eine Untersuchung von Internetmarketingkampagnen setzt eine klare Eingrenzung des Begriffs ‚Internet' voraus. Das heutige Internet basiert auf einem in den sechziger Jahren entwickelten, geschlossenen und zunächst nur zur militärischen Nutzung eingerichteten Computernetzes, welches im Falle eines feindlichen Nuklearschlags die Informationsübermittlung aufrechterhalten sollte. Öffentlich und privat nutzbar wurde das Internet im Jahr 1994, als die US-amerikanische Firma Netscape den ersten frei zugänglichen Internetbrowser entwickelte. Bereits in dieser frühen Phase versuchten zahlreiche Firmen, über das Internet Werbung zu schalten. Diese Werbung beschränkte sich aufgrund der eingeschränkten Reichweite des Mediums und der zu dieser Zeit noch sehr geringen Bandbreiten jedoch lediglich auf Text- und Bildwerbung.

Erst das Aufkommen eines als ‚Entstehung des Web 2.0' bekannten Phänomens Anfang dieses Jahrtausends revolutionierte die Nutzung des Internets und ermöglichte neue Angebotsstrukturen. Erfolgte die Nutzung zuvor einseitig und passiv, wurde es Nutzern nun möglich, aktiv mitzuwirken und die Inhalte von Webangeboten mitzugestalten. Bekannte, auf diesem ‚User-generated content' basierende Internetseiten sind unter anderem Videoportale wie Youtube oder Social Networks wie Facebook. ‚Web 2.0' bezeichnet eine durch verbesserte Infrastruktur, Reichweite und Bandbreite bedingte gravierende Änderung im Internetnutzungsverhalten sowohl auf Anbieter- als auch auf Rezipientenseite und „kann also als Katalysator für einen Wandel in der öffentlichen Kommunikation betrachtet werden".[7] Die erhöhte User-Partizipation begünstigte auf der einen Seite die Entstehung von Communities und einer aktiven Blogger-Szene, auf der anderen Seite ermöglichte sie neue Formen von Internetwerbung – die Einbindung von Real Life Content in Form von Bewegtbildern beispielsweise wäre ohne die jüngsten technologischen Entwicklungen hin zu einer fast flächendeckenden Versorgung mit Breitbandanschlüssen schließlich nicht möglich.

Die im Folgenden vorgestellten Werbekampagnen können als beispielhaft für diese neue Generation von Internetwerbung gelten. Sie basieren auf Angebotsformen, die typisch für das Web 2.0 sind und vor einigen Jahren noch undenkbar waren. User-Partizipation ist ein wichtiger Teil ihrer Werbestrategie; die Aktivierung der Rezipienten entscheidet maßgeblich über Erfolg oder Misserfolg einer Werbung.

---

[7] Pleil, Thomas (2007): Online-PR zwischen digitalem Monolog und vernetzter Kommunikation. In: Pleil, Thomas (Hrsg.): Online-PR im Web 2.0. Fallbeispiele aus Wirtschaft und Politik. Konstanz: UVK Verlagsgesellschaft, S. 12.

2.3   Formen und Funktionen von Internetmarketing

Marketing soll „Kunden erzeugen sowie Umsatz und Gewinne generieren"[8] und ist damit ein wichtiges Instrument der Unternehmensführung. Mit der zunehmenden Relevanz des Internet als Informations- und Unterhaltungsmedium konzentriert sich die werbetreibende Wirtschaft zunehmend auf die sich dadurch eröffnenden neuen Vertriebskanäle, wobei sich „[d]as klassische Markenwissen [...] nicht ohne weiteres auf das Internet adaptieren" lässt.[9]

So bietet das Internet zahlreiche neue Möglichkeiten für Werbetreibende, stellt aber auch erhöhte Anforderungen. Auf der einen Seite „kann das Online-Marketing einen Dialog mit Kunden und Interessenten führen"[10] sowie den „Erhalt der Kundenbindung bei gleichzeitiger Kostenreduktion"[11] sicherstellen. Zudem ermöglicht es die Einbindung von Meinungsmultiplikatoren wie Blogs oder Community-Seiten in virale Marketingkampagnen, deren Ziel „das gezielte Auslösen von Mundpropaganda zum Zwecke der Vermarktung von Unternehmen und deren Leistungen ist".[12] Auf der anderen Seite ist eine gewisse Anstrengung notwendig, um die Zielgruppe überhaupt erreichen zu können. Dadurch, dass Internetnutzer aktiv aus einem Überangebot auswählen und in der Regel selbst entscheiden, „wann, wie lange, wo und wie [sie] sich mit dem Unternehmen im Internet auseinandersetz[en]"[13], erregen einzelne Kampagnen nur selten große Aufmerksamkeit. Gelingt es einem Unternehmen jedoch, sich die auf Nutzermitwirkung ausgelegte Struktur von Web 2.0-Applikationen zu nutze zu machen, können die Werbebotschaften „interaktionsfähig gestaltet werden" und „erhöhte Aufmerksamkeit durch audiovisuelle Animationen" erregen.[14] Da Banner-, Bild- und Textwerbung von Usern inzwischen meist entweder ignoriert oder negativ bewertet wird und somit kaum noch zielführend zu sein scheint, investieren große Unternehmen verstärkt in aufwändige und langfristige Werbekampagnen. Die Einbindung von Real Life Content in Anlehnung an bekannte TV-Formate wird zunehmend als Authentisierungsstrategie eingesetzt, wie die folgenden Detailanalysen zeigen.

---

[8] Ulamec, Dennis (2002): Online-Marketing. Kundenbindung im Internet. Hamburg: Diplomica GmbH, S. 28.
[9] Ebd., S. 31.
[10] Mellmann, Stefan (2009): Neukundengewinnung und -bindung im Internet. Schwerpunkt Automobilhandel. Hamburg: Diplomica GmbH, S. 19.
[11] Ebd.
[12] Langner, Sascha (2007): Viral Marketing. Wie Sie Mundpropaganda gezielt auslösen und gewinnbringend nutzen. Wiesbaden: Gabler-Verlag, S. 27.
[13] Ulamec: Online-Marketing, S. 31.
[14] Mellmann: Neukundengewinnung und -bindung im Internet, S. 18.

3.   Das Beispiel IKEA: Nils wartet auf September

3.1   Daten und Fakten

Bei WARTE BIS SEPTEMBER handelt es sich um eine vom schwedischen Möbel- und Inneneinrichtungskonzern IKEA initiierte Marketingkampagne. Ziel der Kampagne war es, über das Internet auf das Erscheinen des neuen IKEA-Katalogs Anfang September 2008 aufmerksam zu machen. Verantwortlich für die Umsetzung war die Hamburger Werbe- und Kommunikationsagentur Nordpol+, welche auch die parallel dazu im TV laufenden Werbespots produzierte.[15] Die TV-Spots griffen thematisch ebenfalls das Warten auf den neuen Katalog auf und begleiteten so die Internetkampagne.[16] Im Rahmen der Onlinekampagne war es Internetnutzern ab dem 20. August 2008 möglich, über die Internetseite warte-bis-september.de per Livecam einen Protagonisten in einem geräumigen, jedoch zunächst karg eingerichteten Zimmer einer Etagenwohnung zu beobachten. Im Laufe der Übertragung konnte der Zuschauer neben der Beobachtung zahlreicher alltäglicher Aktivitäten auch Zeuge einer kompletten Neueinrichtung des Wohnraums unter Zuhilfenahme des im September 2008 erschienenen IKEA-Katalogs werden. Es war zunächst jedoch nicht sofort ersichtlich, dass die Verantwortlichkeit für den Livestream bei IKEA lag. Nach 21 Tagen endete die Aktion schließlich, Ausschnitte des Streams sind seitdem über die IKEA-Homepage abrufbar.[17]

3.2   Darstellungsweise

Hauptdarsteller der Kampagne ist ein Protagonist namens Nils. Nils betritt jeden Morgen den Raum und hält sich bis ca. 22 Uhr abends in diesem auf. Er vertreibt sich die Zeit u.a. mit fernsehen, lesen, verschiedenen Spielen und kleineren Renovierungsarbeiten. Der Zuschauer kann Nils dabei über zwei fest installierte Kameras beobachten, zwischen denen er per Mausklick wechseln kann. Das Zimmer ist rechteckig und verfügt über eine Tür auf der rechten Seite sowie ein Außenfenster an der der Zuschauerposition gegenüber liegenden Wand. Während eine Kamera den Raum frontal zeigt[18], präsentiert die zweite, tiefer im Raum platzierte Kamera das Geschehen von schräg rechts.[19] Auffällig ist, dass der Zuschauer weder sehen kann, was sich hinter den Kameras befindet, noch erhält er Einblick in den Raum hinter

---

[15] Vgl. HORIZONT.NET: Nordpol kommt mit IKEA ins Geschäft.
[16] Vgl. IKEA.com: Presse.
[17] Vgl. IKEA.com: Probier dein neues Leben aus.
[18] Vgl. Abbildung 1: Kameraperspektive 1 (IKEA).
[19] Vgl. Abbildung 2: Kameraperspektive 2 (IKEA).

der Eingangstür. Es ist anzunehmen, dass sich in diesen ‚toten Winkeln' ein verdeckter Regiebereich befindet. Der zu erkennende Wohnraum verändert sich im Laufe der 21 Tage drastisch. Das Zimmer wurde am ersten Tag in fast leerem Zustand von Nils übernommen[20], um dann durch Renovierungsarbeiten[21] und Möbellieferungen von IKEA[22] langsam zu einer IKEA-Musterwohnung umgebaut zu werden.[23]

Der Zuschauer ist in der Lage, auf verschiedenen Wegen mit Nils zu interagieren. Ein Festnetztelefonanschluss, ein Faxgerät, ein E-Mail-Konto, ein auf der Stream-Seite integriertes Gästebuch sowie ein Postfach stellen Möglichkeiten der Kontaktaufnahme von Zuschauerseite dar. Nils erreichten im Laufe der Kampagne zahlreiche Postkarten, E-Mails sowie Anrufe von Zuschauern. Auf Fragen nach dem Sinn und Zweck der Live-Übertragung antwortet Nils in der Regel mit Ausflüchten und kryptischen Formulierungen. Die zahlreich auftauchende Frage, was er die ganze Zeit in der fast leeren Wohnung tue, beantwortet er stets mit verschiedenen Variationen des Satzes „Ich warte auf September, dann werde ich mich verändern". Doch auch Nils tritt mit den Zuschauern in Kontakt, beispielsweise über Twitter. Zudem stellt er von Zeit zu Zeit Votes ins Netz, mit denen die Zuschauer beispielsweise über seine Abendaktivitäten oder die neue Farbe für die Zimmerwände abstimmen können.

In unregelmäßigen Abständen bekommt Nils Besuch – teilweise von Nachbarn und Freunden, teilweise aber auch von Prominenten wie Thomas D., Sänger der Fantastischen Vier. Mit diesen unterhält er sich über verschiedene Dinge, veranstaltet Spieleabende oder renoviert seine Wohnung. Die Besuche und die damit verbundenen Aktionen dienen vermutlich hauptsächlich dazu, Spannung und Abwechslung in den monotonen Alltag des Protagonisten zu bringen und den Zuschauern einen Anreiz zum Aufrufen des Streams zu liefern. Sowohl bei Nils als auch bei seinen Besuchern handelt es sich um professionelle Schauspieler. Nils heißt eigentlich Martin Roetzel[24] und trat bereits u.a. in Werbespots für die Johanniter auf[25], wie mehrere Blogs und die BILD-Zeitung ermittelt haben.[26] Dies wurde jedoch während der Kampagne von IKEA nicht offiziell kommuniziert, um die Illusion des Authentischen nicht zu zerstören.

Wenn Nils die Wohnung abends verlässt und angeblich „zum Schlafen" in den Nebenraum geht, wird das Licht ausgeschaltet. Der Fernseher läuft jedoch die ganze Nacht durch, vermutlich um den Anschein von Aktivität und belebtem Wohnraum aufrecht zu

---

[20] Vgl. Abbildung 3: Tag 1 (IKEA).
[21] Vgl. Abbildung 4: Nils renoviert (IKEA).
[22] Vgl. Abbildung 5: Möbellieferung (IKEA).
[23] Vgl. Abbildung 6: Möbelaufbau (IKEA) & Abbildung 7: Tag 21 (IKEA).
[24] Vgl. Actingpool.de: Martin Roetzel.
[25] Vgl. Youtube.com: Erste Hilfe für Superjohann.
[26] Vgl. u.a. Bild.de: Alles nur ein Schweden-Schummel.

erhalten. Die Beobachtung eines Menschen in seiner – dem Anschein nach – alltäglichen Wohnumgebung sowie diverse Authentisierungsmittel wie eine permanente ‚live'-Einblendung erinnern deutlich an aus dem Fernsehen bekannte und erfolgreiche Real-Life-Formate wie BIG BROTHER. Dem entgegen steht jedoch die direkte Interaktion des Protagonisten mit dem Zuschauer, es fehlt eine zwischengeschaltete Vermittlungsinstanz wie bei dem erwähnten Fernsehvorbild. Nils wendet sich sogar mehrmals der Kamera zu und spricht die Zuschauer direkt an.[27] Dieser Bruch mit gängigen Konventionen dokumentarischer Darstellungsformen wird vermutlich jedoch in Kauf genommen, um durch die starke Personalisierung eine höhere Zuschauerbindung zu erreichen.

3.3 Reaktionen

Da IKEA das Impressum auf der Stream-Seite gut versteckt hatte, war zunächst nicht sofort ersichtlich, wer oder was hinter der Aktion stand. Erste Reaktionen beschränkten sich vor allem auf Spekulationen und Mutmaßungen. Nachdem bekannt wurde, dass es sich um eine von IKEA initiierte Aktion handelte, wurde das Interesse zwar noch größer, zur Klärung von Sinn und Zweck des Ganzen trug es allerdings nicht bei:

> „Ehrlich gesagt habe ich keinen blassen Schimmer, was da passiert. Nils sitzt seit 2 Stunden in einem Zimmer, wird dabei live gestreamt, man kann ihn anrufen, ihm Mails und Faxe schicken. An der Typo [sic!] und selbstverständlich am Impressum kann man erkennen, dass die Seite auf Rechnung von IKEA geht. Ansonsten habe ich erstmal keinen Peil was da geht."[28]

Besonders Blogs und andere Internetmedien nahmen sich des Themas an und verhalfen der Kampagne so relativ schnell zu einer großen Prominenz im Netz.[29] Unter Bloggern entbrannte sogar ein Streit darüber, wer das Webangebot zuerst entdeckt habe. Gleich mehrere Blogbetreiber rühmten sich damit, der Stream-Seite mit ihrer Berichterstattung zu einem massiven Zuwachs an Benutzern verholfen zu haben.[30] Es ist bemerkenswert, wie sich die von IKEA bewusst als Meinungsmultiplikatoren in eine groß angelegte Werbeaktion eingebundenen Blogbetreiber zum einen wissentlich zum Werbeinstrument machen ließen und zum anderen durch ihre Dauerberichterstattung und immer neue Spekulationen das

---

[27] Vgl. Abbildung 8: Direkte Adressierung des Zuschauers (IKEA).
[28] Stylespion.de: IKEA setzt auf Live-Stream.
[29] Vgl. u.a. Ognibeni.de: Neue virale Kampagne von IKEA.
[30] Vgl. u.a. Blog.moskaliuk.com: Warte bis September die Zweite.

öffentliche Interesse an der Aktion noch weiter befeuerten. Um Nils entstand auf diese Weise ein Personenkult, der die Werbewirkung des Projekts massiv erhöhte:

> „Wir sind auf jeden Fall gespannt, wie es weitergeht: Wird Nils morgen – wie im Voting abgestimmt – für seinen Besuch Kötbullar zubereiten?"[31]

In der Folge wurden auch Offline-Medien wie beispielsweise die BILD-Zeitung auf die Kampagne aufmerksam und berichteten zum Teil sehr ausführlich über Nils bzw. die IKEA-Aktion. Trotz der ursprünglichen Konzeption als reine Onlinekampagne zur Aktivierung der Zielgruppe junger Internetnutzer gelang so ein medien- und kanalübergreifender Aufmerksamkeitsgewinn. Der Ablauf der Kampagne kann zudem als prototypisch für eine erfolgreiche, über das Internet lancierte Marketingkampagne gesehen werden und wird vom Blogger Johannes Moskaliuk selbstironisch wie folgt beschrieben:

> „Virales Marketing läuft in den immer gleichen Phasen ab:
>
> - einer entdeckt es und bloggt/twittert/bookmarked etc.
> - alle anderen machen mit
> - […]
> - das ist der Zeitpunkt, wo auch die klassischen Medien langsam Schlagzeilen wittern
> - die ersten Journalisten rufen bei der Pressehotline an
> - […]
> - Alle wissen: Idioten kaufen einfach alles.
>
> Fazit: Virales Marketing funktioniert - und zwar wie am Schnürchen. Die Blogossphäre [sic!] macht mit und bloggt und kommentiert sich zu Tode, die restlichen Medien werden nachziehen. Und so ist das alles in allem ziemlich effiziente Werbung […]."[32]

So scheint die Internetkampagne in Kombination mit den TV-Spots aus Sicht des Möbelkonzerns trotz der vermutlich hohen Kosten für Schauspieler, Wohnungsmiete, Seitendesign und Traffic ein voller Erfolg gewesen zu sein.

---

[31] Shoppingblog.t-online.de: Virale Werbung von IKEA.
[32] Blog.moskaliuk.de: Warte bis September die Zweite.

4.   Das Beispiel VW: Horst Schlämmer macht den Führerschein

4.1   Daten und Fakten

HORST SCHLÄMMER: ICH MACH' JETZT FÜHRERSCHEIN! ist eine aufwändige Werbekampagne des Automobilherstellers Volkswagen aus dem Jahr 2007, umgesetzt von der Werbeagentur DDB Germany/Tribal DDB/TELEMAZ Commercials.[33] Ziel der Aktion war es, sowohl den Namen VW ins Zentrum öffentlichen Interesses zu rücken als auch dem Zielpublikum junger Internetnutzer „die Marke Volkswagen Golf emotional näher zu bringen".[34] Dazu nutzte VW die Popularität der fiktiven Figur des Horst Schlämmer. Bei Horst Schlämmer handelt es sich um eine seit 2006 existierende Kunstfigur des Komikers Hape Kerkeling.[35] Kerkeling schlüpfte in den vergangenen Jahren zu verschiedenen Anlässen in die Rolle des kauzigen Provinzjournalisten um u.a. Interviews mit prominenten Gesprächspartnern zu führen oder um an einer Quizsendung von Günther Jauch als Kandidat mitzuwirken. Über einen von VW initiierten und finanzierten humoristischen Videoblog ließ sich Kerkeling alias Schlämmer Anfang 2007 beim Führerscheinerwerb in einem VW Golf beobachten. Insgesamt zehn Episoden seiner ‚Fahrstunden' wurden in loser Folge online veröffentlicht und erreichten so ein Millionenpublikum.

4.2   Darstellungsweise

Die im Rahmen der Kampagne produzierten Videos zeigen Horst Schlämmer und seinen Fahrlehrer Mario über eine im Innenraum des Wagens montierte Kamera frontal von vorn.[36] Die Kamera ist meist statisch, es findet lediglich von Zeit zu Zeit ein Wechsel der Einstellung zu einer Nahaufnahme eines der beiden Wageninsassen[37] oder zu einer kurzen Außenaufnahme des Wagens statt.[38] Diese Darstellungsweise erinnert an vergleichbare, aus dem TV bekannte Real-Life-Formate wie DIE FAHRSCHULE, die vermutlich als Vorbild gedient haben.

Horst Schlämmer und Mario sind die beiden einzigen in allen Folgen auftretenden Figuren und stehen eindeutig im Zentrum der Darstellung. Sämtliche humoristische Elemente

---

[33] Vgl. Tribal DDB GmbH.
[34] MediaCom Agentur für Media-Beratung GmbH: Case Study 2008.
[35] Vgl. Hape Kerkeling: Offizielle Website.
[36] Vgl. Abbildung 9: Statische Innenkamera (VW).
[37] Vgl. Abbildung 10: Nahaufnahme (VW).
[38] Vgl. Abbildung 11: Außenansicht (VW).

entstehen aus den Dialogen der beiden Protagonisten, wobei Schlämmer stets die tragende Rolle spielt. Die von Kerkeling verkörperte Figur flucht, bekommt Hustenanfälle, macht Bemerkungen über weibliche Passanten, reißt flache Witze und legt irrationales (Fahr-)Verhalten an den Tag. Mario reagiert zwar auf Schlämmer, tritt dabei aber kaum aus seiner Statistenrolle heraus. Die Gespräche der beiden kreisen stets um zwei große Themen: Auf der einen Seite steht der Austausch über Fahrweise, Steuerungshandlungen und anzufahrende Ziele. Mario gibt Anweisungen, die Schlämmer mehr oder weniger korrekt ausführt und kommentiert; dies macht einen Großteil des humoristischen Aspekts der Videos aus. Auf der anderen Seite steht das genutzte Automobil immer wieder im Fokus der Unterhaltungen. Schlämmer lobt den verwendeten VW Golf auffallend häufig und spricht auch Mario darauf an, bleibt dabei aber stets seiner Rolle treu und verpackt die transportierten Werbebotschaften in die für Schlämmer typische Ausdrucksweise:

„Der Wagen is' schön, am Wagen kann's nich' liegen. Der Wagen is' eine Wucht, sowat schönes."[39]

„Der Wagen is' einmalig, der fährt ja quasi von alleine [...]. Einmalig, wie der Wagen auch in die Kurven geht. Ich werde mir... Genau diesen Wagen werd' ich mir holen! Wat is' dat noch mal für einer?" – „'n Golf" – „Golf. Schöner Wagen."[40]

„Einmalig schön, dieser Wagen. Merken Sie auch, dieses Geräusch? Wat is' dat für einer?" – „Was das für'n Wagen is'?" – „Ja." – „'n Golf." – „Is'n Golf! Also, einmalig schön."[41]

Bei den Aufnahmen aus dem Innenraum des Fahrschulwagens fällt auf, dass der Golf sehr sauber ist und sich im Inneren – untypisch für einen Fahrschulwagen – keinerlei Gegenstände befinden.[42] Es handelt sich also offensichtlich um einen Neuwagen, was auch bei Außenaufnahmen deutlich wird: Der verwendete Golf ist silberfarben und stets blankpoliert.[43] Ist er mit anderen PKW zusammen im Bild, sind diese meist dunkel und die Hintergrundkulisse grau. Auf diese Weise wird der Wagen gezielt ins Zentrum der Aufmerksamkeit gerückt und sein äußeres Erscheinungsbild positiv hervorgehoben. In Kombination mit den lobenden Äußerungen Schlämmers über Fahrverhalten und Bedienfreundlichkeit wird auf diese Weise ein durchweg positives Gesamtbild des beworbenen VW-Produkts vermittelt.

---

[39] Horst Schlämmer: Ich fahre!, 00:07.
[40] Horst Schlämmer: Ich fahre!, 01:39.
[41] Horst Schlämmer: Ich fahre wieder, 01:15.
[42] Vgl. Abbildung 12: Innenraum (VW).
[43] Vgl. Abbildung 11: Außenansicht (VW).

VW lässt es sich zudem nicht nehmen, die Produkte der Konkurrenz auf humoristische Art und Weise als minderwertig darzustellen. In der Episode „Knallhart angehalten"[44] versucht Schlämmer, per Anhalter mitgenommen zu werden. Dies scheitert jedoch zunächst daran, dass es an jedem Fabrikat etwas auszusetzen gibt – bis schließlich ein Golf erscheint und Schlämmer zufrieden grunzend einsteigt.

Hape Kerkeling spielt seine Rolle gewohnt professionell und überzeugend. Es ist davon auszugehen, dass es sich auch bei der Figur des Mario um einen professionellen Schauspieler handelt, da dieser sowohl Schlämmers Launen stets bereitwillig über sich ergehen lässt als auch routiniert auf Schlämmers werbewirksam eingebrachten VW-Lobeshymnen eingeht und nicht müde wird zu erwähnen, dass das genutzte Fahrzeug ein Golf sei. Im Laufe der Serie kommt es mehrmals zu Begegnungen mit Passanten, die von Schlämmer in kurze Gespräche verwickelt werden.[45] Es bleibt unklar, ob es sich bei diesen wirklich um zufällig angetroffene Personen handelt – der Eindruck wird zumindest erweckt. Die Einbindung von Figuren aus der außerfilmischen Realität unterstreicht den pseudodokumentarischen Anspruch der Produktion und wurde vermutlich gezielt als Authentisierungsmittel eingesetzt.

4.3   Reaktionen

Anders als bei der WARTE BIS SEPTEMBER-Kampagne von IKEA findet sich bei HORST SCHLÄMMER: ICH MACH' JETZT FÜHRERSCHEIN! am Ende jeder Folge ein deutlicher Hinweis, dass es sich um eine von VW initiierte oder zumindest geförderte Aktion handelt.[46] Der Hinweis ist jedoch nur bei gänzlicher Betrachtung der produzierten Videos sichtbar, auf dem begleitenden Blog[47] und dem eigens eingerichteten Kanal auf der Videoseite Sevenload[48] fehlt er ganz. Dies führte dazu, dass zahlreiche Medien die von Schlämmer im Vorfeld kommunizierte offizielle Version des Führerscheinerwerbs zunächst übernahmen und ohne weitere Recherche darüber berichteten.[49]

Im Vergleich zur IKEA-Kampagne boten sich dem Internetnutzer bei der Rezeption der Schlämmer-Fahrstunden kaum Interaktionsmöglichkeiten. Zwar löste auch diese Aktion massive Reaktionen in der deutschen Blogszene aus, die sich vielfach kommentierend und

---

[44] Vgl. Horst Schlämmer: Knallhart angehalten.
[45] Vgl. Abbildung 13: Passant (VW).
[46] Vgl. Abbildung 14: Sponsor (VW).
[47] Vgl. Schlaemmerblog.tv
[48] Vgl. Sevenload.de: Horst Schlämmer.
[49] Vgl. u.a. NGZ Online: Horst Schlämmer macht den Führerschein.

spekulierend zu Schlämmers Fahrtraining äußerte.[50] Abgesehen davon beschränkten sich die Möglichkeiten der Kommunikation jedoch auf die Kommentierung und Weiterverbreitung der eingestellten Videos. Von den Communities der Videoportale wie Youtube oder Sevenload wurden die von Schlämmer/Kerkeling/VW veröffentlichten Videos mehrheitlich für gelungen und lustig befunden. Dies führte zu einer raschen Verbreitung der entsprechenden Videolinks im Netz, so dass innerhalb der ersten vier Wochen „3,6 Millionen Page-Impressions auf schlaemmerblog.tv und 2,8 Millionen Video-Views" verzeichnet wurden.[51] Das Ziel VWs, mit Hilfe der Popularität der aus TV und Presse bekannten Kunstfigur Horst Schlämmer hohe Nutzerzahlen der bereitgestellten Webangebote zu erreichen und sich so die Aufmerksamkeit tausender vor allem junger Internetnutzer zu sichern, wurde demnach offensichtlich erreicht. Nach Bekanntwerden der Kooperation zwischen Schlämmer und VW wurde die Kampagne sowohl online als auch in offline als sehr gelungene Form des viralen Internetmarketings gelobt und am 12. September 2007 vom Deutschen Kommunikationsverband e.V. mit der Goldenen KLAPPE für die beste Internetkampagne des Jahres ausgezeichnet.[52]

---

[50] Vgl. Jetzt.de: Horst macht VW-Werbung zum Lachen.
[51] Digital:next: Horst Schlämmer fährt weiter für VW.
[52] Vgl. Kommunikationsverband.de: Horst Schlämmer gewinnt Gold bei der KLAPPE 27.

5. Fazit

Internetwerbung ist vergleichsweise kostengünstig und erreicht ein Millionenpublikum. Dies führt dazu, dass sich ein jeder Internetnutzer beim Betreten dieses riesigen virtuellen Marktplatzes in der Regel sofort zahlreichen ‚Marktschreiern' gegenübersieht. In Zeiten, in denen die User jederzeit mit diesem multimedial vermittelten Überangebot konfrontiert werden und daher permanent Auswahlentscheidungen treffen müssen, hängen Erfolg und Misserfolg einer Marketingkampagne jedoch stark davon ab, ob ihre Ausgestaltung den Geschmack ihrer hauptsächlich jungen, kritischen und wählerischen Zielgruppe trifft. Ist das der Fall, sind meist die rasche Verbreitung und ein damit verbundener Popularitätsgewinn des beworbenen Produkts die Folge. Um dieses Ziel zu erreichen wird oft versucht, durch besonders kreative und ausgefallene Aktionen die Einbindung der Rezipienten in den Verbreitungsprozess und somit eine Erhöhung der Reichweite zu ermöglichen.

> „Ob Werbestrategie oder Propaganda, die Botschaften der Verführung und Überzeugung nehmen längst die virtuellen Wege der viralen Verbreitung durchs Internet. [...] Manche von ihnen lassen die Marke bzw. den Absender dahinter kaum erkennen, andere spielen genau damit. [...] Mund zu Mund-Propaganda ist (fast) alles was zählt."[53]

Dies gilt in besonderem Maße auch für die untersuchten Beispielkampagnen. Vergleicht man die IKEA- und die VW-Kampagne miteinander, fallen einige grundlegende Gemeinsamkeiten auf. Beide setzen auf die Einbindung von Real Life Content und orientieren sich bei der Darstellungsweise an altbekannten TV-Formaten. Diese Referenzbezüge sind Teil einer umfassenden Authentisierungsstrategie, welche die möglichst glaubwürdige Vermittlung einer in sich kohärenten Pseudorealität zum Ziel hat, wobei das Maß der Inszenierung und die zugrunde liegenden dramaturgischen Gestaltungsmittel möglichst unkenntlich gemacht werden sollen. Beide Kampagnen streben gleichermaßen eine möglichst weitreichende Verbreitung durch Mund-zu-Mund-Propaganda an und stützen sich hierbei auf die Struktur des oftmals auch als ‚Mitmach-Web' bezeichneten Web 2.0. Der Erfolg lässt sich zwar nicht in konkreten Summen oder Absatzzahlen ausdrücken, gemessen an den Reaktionen der Zielgruppe scheinen jedoch sowohl IKEA als auch VW ihr Ziel erreicht zu haben.

---

[53] Mediaculture online: Internationaler Wettbewerb sucht und prämiert Virals.

6.   Abbildungsverzeichnis

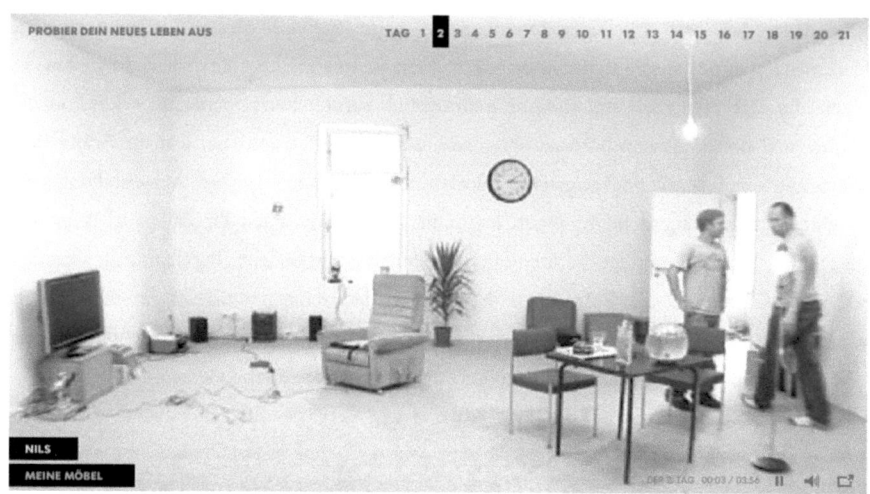

Abbildung 1: Kameraperspektive 1 (IKEA).

Quelle: *http://www.ikea.com/ms/de_DE/aktivitet/Nils.html*

Abbildung 2: Kameraperspektive 2 (IKEA).

Quelle: *http://www.ikea.com/ms/de_DE/aktivitet/Nils.html*

Abbildung 3: Tag 1 (IKEA).

Quelle: *http://www.ikea.com/ms/de_DE/aktivitet/Nils.html*

Abbildung 4: Nils renoviert (IKEA).

Quelle: *http://www.ikea.com/ms/de_DE/aktivitet/Nils.html*

Abbildung 5: Möbellieferung (IKEA).

Quelle: *http://www.ikea.com/ms/de_DE/aktivitet/Nils.html*

Abbildung 6: Möbelaufbau (IKEA).

Quelle: *http://www.ikea.com/ms/de_DE/aktivitet/Nils.html*

Abbildung 7: Tag 21 (IKEA).

Quelle: *http://www.ikea.com/ms/de_DE/aktivitet/Nils.html*

Abbildung 8: Direkte Adressierung des Zuschauers (IKEA).

Quelle: *http://www.ikea.com/ms/de_DE/aktivitet/Nils.html*

Abbildung 9: Statische Innenkamera (VW).

Quelle: *http://de.sevenload.com/sendungen/Horst-Schlaemmer/folgen*

Abbildung 10: Nahaufnahme (VW).

Quelle: *http://de.sevenload.com/sendungen/Horst-Schlaemmer/folgen*

Abbildung 11: Außenansicht (VW).

Quelle: *http://de.sevenload.com/sendungen/Horst-Schlaemmer/folgen*

Abbildung 12: Innenraum (VW).

Quelle: *http://de.sevenload.com/sendungen/Horst-Schlaemmer/folgen*

Abbildung 13: Passant (VW).

Quelle: *http://de.sevenload.com/sendungen/Horst-Schlaemmer/folgen*

Abbildung 14: Sponsor (VW).

Quelle: *http://de.sevenload.com/sendungen/Horst-Schlaemmer/folgen*

7. Quellenverzeichnis

TV-Produktionen

BIG BROTHER (2000, Endemol)

DIE FAHRSCHULE (1999, Filmpool)

Literatur

Bleicher, Joan Kristin (2009): Das Private ist das Authentische. Referenzbezüge aktueller Reality-Formate. In: Segeberg, Harro (Hrsg.): Referenzen - Zur Theorie und Geschichte des Realen in den Medien. Marburg: Schüren Verlag GmbH, S, 111-119.

Grassl, Monika (2007): Das Wesen des Dokumentarfilms. Möglichkeiten der Dramaturgie und Gestaltung. Saarbrücken: VDM Verlag Dr. Müller.

Langner, Sascha (2007): Viral Marketing. Wie Sie Mundpropaganda gezielt auslösen und gewinnbringend nutzen. Wiesbaden: Gabler-Verlag.

Mellmann, Stefan (2009): Neukundengewinnung und -bindung im Internet. Schwerpunkt Automobilhandel. Hamburg: Diplomica GmbH.

Niedersächsische Landesmedienanstalt für privaten Rundfunk (Hrsg.): Realität maßgeschneidert – Schöne, neue Welt für die Jugend? Real Life Formate – Fernsehen der Zukunft oder eine Eintagsfliege? Dokumentation der Tagung der Niedersächsischen Landesmedienanstalt für privaten Rundfunk im Juni 2001. Berlin: Vistas Verlag.

Pleil, Thomas (2007): Online-PR zwischen digitalem Monolog und vernetzter Kommunikation. In: Pleil, Thomas (Hrsg.): Online-PR im Web 2.0. Fallbeispiele aus Wirtschaft und Politik. Konstanz: UVK Verlagsgesellschaft, S. 10-31.

Ulamec, Dennis (2002): Online-Marketing. Kundenbindung im Internet. Hamburg, Diplomica GmbH.

Internetquellen

Actingpool.de: Martin Roetzel.
http://www.actingpool.de/index.php/schauspieler/userprofile/martin%20roetzel
[Letzter Zugriff: 16.08.09, 18:31]

BILD.de: Alles nur ein Schwedenschummel.
http://www.bild.de/BILD/hamburg/aktuell/2008/09/07/bild-besuch-bei-internet-star-nils/alles-nur-ein-schweden-schummel.html
[Letzter Zugriff: 16.08.09, 18:47]

Blod.moskaliuk.com: Warte bis September die Zweite.
http://blog.moskaliuk.com/warte-bis-september-die-zweite/
[Letzter Zugriff: 16.08.09, 18:47]

Digital:next: Horst Schlämmer fährt weiter für VW.
http://www.digitalnext.de/horst-schlaemmer-faehrt-weiter-fuer-vw/
[Letzter Zugriff: 16.08.09, 18:48]

Hape Kerkeling: Offizielle Website.
http://www.hapekerkeling.de/
[Letzter Zugriff: 16.08.09, 18:50]

HORIZONT.NET: Nordpol kommt mit IKEA ins Geschäft.
http://www.horizont.net/aktuell/agenturen/pages/protected/Nordpol-kommt-mit-Ikea-ins-Geschaeft_78429.html
[Letzter Zugriff: 16.08.09, 18:37]

Horst Schlämmer: Ich fahre!
http://de.sevenload.com/sendungen/Horst-Schlaemmer/folgen/dtbEUQG-Horst-Schlaemmer-Ich-fahre
[Letzter Zugriff: 16.08.09, 18:32]

Horst Schlämmer: Ich fahre wieder.
http://de.sevenload.com/sendungen/Horst-Schlaemmer/folgen/21pwgO2-Horst-Schlaemmer-
Ich-fahre-wieder
[Letzter Zugriff: 16.08.09, 18:40]

Horst Schlämmer: Knallhart angehalten.
http://de.sevenload.com/sendungen/Horst-Schlaemmer/folgen/qG9hSoh-Horst-Schlaemmer-
Knallhart-angehalten
[Letzter Zugriff: 18.08.09, 18:08]

IKEA.com: Presse.
http://www.ikea.com/ms/de_DE/about_ikea/press_room/press_release/national/ikeakatalog09
kampagne.html
[Letzter Zugriff: 16.08.09, 18:49]

IKEA.com: Probier dein neues Leben aus.
http://www.ikea.com/ms/de_DE/aktivitet/Nils.html
[Letzter Zugriff: 16.08.09, 18:17]

Jetzt.de: Horst macht VW-Werbung zum Lachen.
http://jetzt.sueddeutsche.de/texte/anzeigen/366185
[Letzter Zugriff: 16.08.09, 18:18]

Kommunikationsverband.de: Horst Schlämmer gewinnt Gold bei der KLAPPE 27.
http://www.kommunikationsverband.de/aktuelles/details/75
[Letzter Zugriff: 16.08.09, 18:18]

MediaCom Agentur für Media-Beratung GmbH: Case Study 2008.
http://mediacom.de/system/files/article_docs/MediaCom_Volkswagen_2008_Case_Study.pdf
[Letzter Zugriff: 16.08.09, 18:20]

Mediaculture online: Doku-Soap.
http://www.mediaculture-online.de/Doku-Soap.441.0.html
[Letzter Zugriff: 16.08.09, 18:27]

Mediaculture online: Internationaler Wettbewerb sucht und prämiert Virals.
http://www.mediaculture-online.de/Details.305+M533567ba923.0.html
[Letzter Zugriff: 16.08.09, 18:31]

NGZ Online: Horst Schlämmer macht den Führerschein.
http://www.ngz-online.de/public/article/aktuelles/gesellschaft/medien/399876
[Letzter Zugriff: 16.08.09, 18:49]

Ognibeni.de: Neue virale Kampagne von IKEA.
http://www.ognibeni.de/2008/08/neue-virale-kampagne-von-ikea-warte-bis-september/
[Letzter Zugriff: 16.08.09, 18:48]

Schlaemmerblog.tv.
http://www.schlaemmerblog.tv
[Letzter Zugriff: 16.08.09, 18:48]

Sevenload.de: Horst Schlämmer.
http://de.sevenload.com/sendungen/Horst-Schlaemmer
[Letzter Zugriff: 16.08.09, 18:57]

Shoppingblog.t-online.de: Virale Werbung von IKEA.
http://shoppingblog.t-online.de/werbung/virale-werbung-von-ikea-warte-bis-september
[Letzter Zugriff: 16.08.09, 18:59]

Stylespion.de: IKEA setzt auf Live-Stream.
http://stylespion.de/warte-bis-september-ikeas-interaktives-big-brother/2335/
[Letzter Zugriff: 16.08.09, 18:53]

Tribal DDB GmbH.
http://www.tribalddb.de/
[Letzter Zugriff: 16.08.09, 18:49]

Youtube.com: Erste Hilfe für Superjohann.
http://www.youtube.com/watch?v=Zdfwd8gSuSA
[Letzter Zugriff: 16.08.09, 18:48]